ALFAGUARA INFANTIL

DISPARATES
(Rimas y adivinanzas)

Julia Chaktoura

Ilustraciones de Karina Maddonni

ALFAGUARA

1998, Julia Chaktoura

De esta edición

ALFAGUARA

1998, Aguilar, Altea, Taurus, Alfaguara S.A.
Av. Leandro N. Alem 720 (C1001AAP)
Ciudad Autónoma de Buenos Aires, Argentina

ISBN: 978-987-04-0062-2

Hecho el depósito que marca la Ley 11.723
Impreso en Argentina. *Printed in Argentina*
Primera edición: septiembre de 1998
Octava reimpresión: febrero de 2004
Segunda edición: febrero de 2005
Sexta reimpresión: enero de 2013

Diseño de la colección: MANUEL ESTRADA

Chaktoura, Julia Rita
    Disparates : rimas y adivinanzas . - 2a ed. 6a reimp. - Buenos Aires :
Aguilar, Altea, Taurus, Alfaguara, 2013.
    40 p. ; 19x16 cm. - (Verde)

    ISBN 978-987-04-0062-2

    1. Literatura Infantil y Juvenil Argentina. I. Título
    CDD A863 928 2

PRISA EDICIONES

EN MI CHACRA TUVE UN **CHANCHO**
QUE SE LLAMABA DON **PANCHO**
TENÍA LIMPIO Y PROLIJO
EL **RANCHO**.

MI VECINO TIENE UN **GATO**

QUE USA SOLO UN **ZAPATO**

EL OTRO SE LO PRESTÓ

AL **PATO.**

7

LA PALOMA **MENSAJERA**
LLEVA UN SOBRE EN SU **CARTERA**
TOCA TIMBRE EN UNA CASA
Y **ESPERA**.

EN LA RAMA DE UN **MANZANO**
CANTA Y BAILA UN **GUSANO**

DICE QUE QUIERE TOCAR
EL **PIANO.**

MI MAMÁ COMPRÓ UNA **RANA**
DE CRISTAL Y **PORCELANA**
USA ZOQUETES Y GUANTES
DE **LANA.**

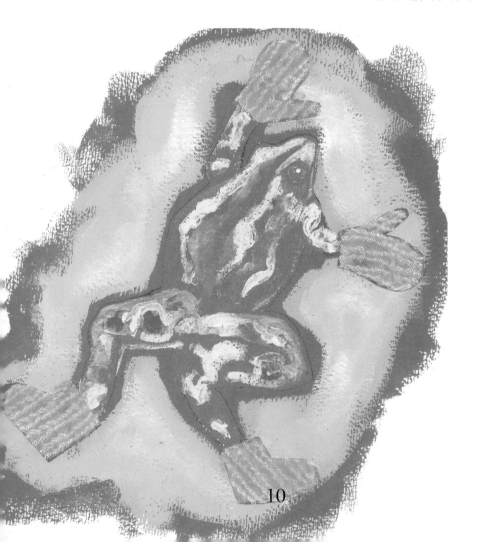

YO CONOZCO UNA **GALLINA**
QUE QUIERE SER **BAILARINA**
PARA ACTUAR EN EL JAPÓN
Y EN **CHINA.**

MI CABALLITO **ALAZÁN**
COME PASTO Y COME **PAN**
PERO MUCHO MÁS LE GUSTA
EL **FLAN.**

LA CIGÜEÑA SE **PERFUMA**
DESDE EL PICO HASTA LAS **ALAS,**

ESTA NOCHA VA A UNA FIESTA
DE **GALA.**

NICOLASA LA **MEDUSA**
SE ENOJÓ CON LA **MERLUZA**
PORQUE NO LE REGALABA
SU **BLUSA.**

14

EN LA LAGUNA HAY UN **PEZ**
QUE HABLA SÓLO **JAPONÉS**
EN LUGAR DE ALETAS TIENE
DOS **PIES.**

HABÍA UNA VEZ UN **POLLO**

QUE VIVÍA EN UN **REPOLLO**

Y A SU NOVIA LE OBSEQUIABA

PIMPOLLOS.

ADIVINANZAS

18

ADIVINA ADIVINADOR

¿QUIÉN ES ESTE BUEN SEÑOR?

EN UN ÁRBOL HACE EL **NIDO**
COME GRANOS Y SEMILLAS
TIENE PLUMAJE **MARRÓN**
SU NOMBRE TERMINA EN **...ÓN.**

ADIVINA
ADIVINADOR

¿QUIÉN ES ESTE
BUEN SEÑOR?

USA RIENDAS Y **MONTURA**
NOS PASEA POR EL **CAMPO**
PARA QUÉ TE LO **DETALLO**
YA SABÉS, ES UN **CA...**

¿QUIÉN ES ESTE
BUEN SEÑOR?

COME Y **COME** TODO EL DÍA
GRUÑE Y **GRUÑE** SIN PARAR
SE **REVUELCA** LO MÁS **PANCHO**
NO SE **BAÑA** Y ES UN ...

¿QUIÉN ES ESTE BUEN SEÑOR?

CON LA **COLA** HACE UNA **FIESTA**
CUANDO VUELVO DE LA **ESCUELA**
NO LO **ATO** NI LO **ENCIERRO**

PORQUE **YO QUIERO A MI ...**

¿QUIÉN ES ESTE BUEN SEÑOR?

SE PASEA POR EL **PATIO**
DUERME BAJO UNA **MACETA**
NO SE LLAMA **MANUELITA**
PERO ES UNA ...

23

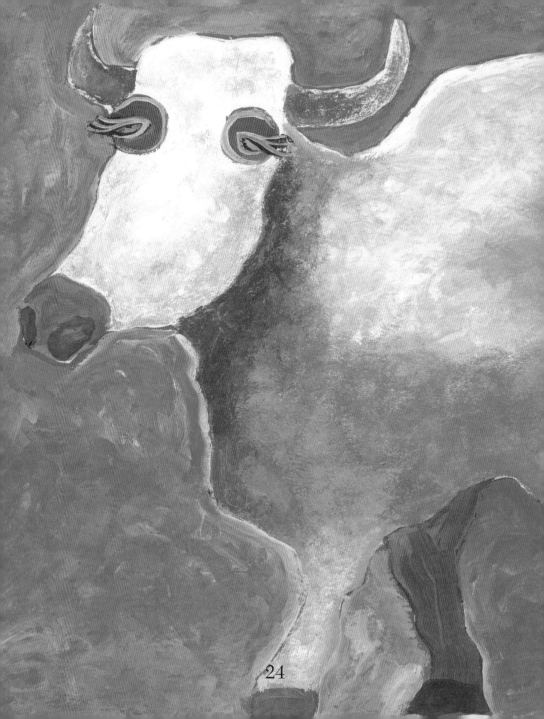

24

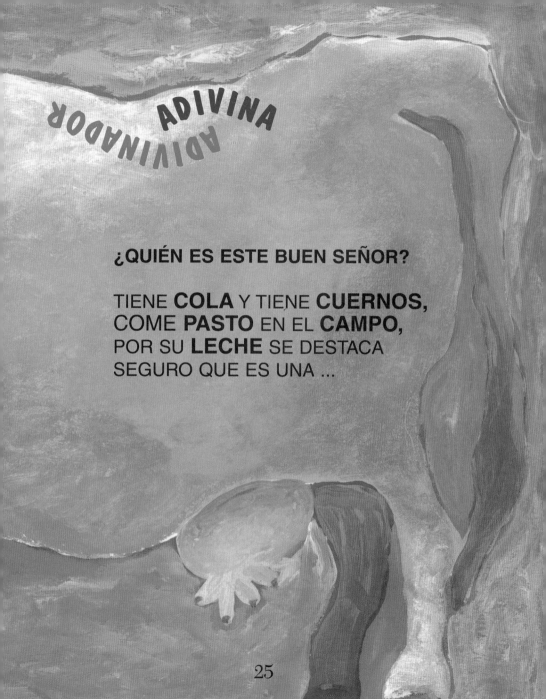

ADIVINA ADIVINADOR

¿QUIÉN ES ESTE BUEN SEÑOR?

TIENE **COLA** Y TIENE **CUERNOS**,
COME **PASTO** EN EL **CAMPO**,
POR SU **LECHE** SE DESTACA
SEGURO QUE ES UNA ...

¿QUIÉN ES
ESTE BUEN
SEÑOR?

TIENE COLA Y GRAN BIGOTE
DUERME SOBRE UN ALMOHADÓN
NO ES UN BURRO NI ES UN PATO
ESTE **RON-RON** ES UN ...

26

DE AQUÍ PARA ALLÁ

¡TAXI!
QUIERO QUE ME LLEVE DE **VISITA**
A LA CASA DE MI **SEÑORITA**
ELLA ME **CONVIDA**
CON SÁNDWICHES DE **MIGA**

PORQUE SOY SU ALUMNA **FAVORITA.**

¡TAXI!

LLÉVEME A PASEAR POR EL **MERCADO**
QUE QUIERO COMPRARME UN **HELADO**
NO QUIERO **FRUTILLA**
NO QUIERO **VAINILLA**
QUIERO UN HELADO DE **PESCADO**.

DE UN LADO AL OTRO

¡TAXI!

VAMOS, NO SE SALGA DEL **CAMINO**
QUE VOY A PESCAR UN **LANGOSTINO**,
NO ES PARA COMERLO
NI PARA VENDERLO,
ES PARA MI NOVIO QUE ES **MARINO**.

DE IDA Y VUELTA

¡TAXI!

BUSQUE ALGUNA CALLE CON **ASFALTO**
PARA MANEJAR SIN **SOBRESALTO**
QUIERO IR DE **PASEO**
SIN EL **TRAQUETEO**
DE LOS ADOQUINES Y LOS **SALTOS**.

ESTABA EL GRAN PIRATA **POLIDORO**
BUSCANDO ALGUNOS COFRES DEL **TESORO**
ANDUVO EN SU **NAVÍO**
POR LAGO, MAR Y **RÍO**
Y SÓLO ENCONTRÓ AGUA EN VEZ DE **ORO**.

SI UN GATO BAILA EL TANGO EN UNA **FIESTA**
SEGURO QUE AL VECINO LE **MOLESTA**
¿SERÁ POR EL **MAULLIDO**
DE ESE GATO **BANDIDO**?

¿O PORQUE
SUENA MUY
FUERTE LA
ORQUESTA?

35

EL TRAPECISTA DA UNA **VOLTERETA**

AL COMPÁS DE UN TAMBOR Y UNA **TROMPETA**

PERO NO ESTÁ CONTENTO CON EL EXPERIMENTO

LE GUSTA MÁS ANDAR EN **PATINETA**

SI ESCUCHAS EN LA NOCHE UN **ESTORNUDO**
Y SIENTES QUE CAMINA ALGO **PELUDO**

NO TENGAS MIEDO, **AMIGO**,
YO SÉ LO QUE TE **DIGO**,
SEGURO QUE EL RUIDOSO
ES EL **FELPUDO**.

ESTABA NAVEGANDO CON MI **BOTE**
CUANDO VI EN EL HORIZONTE UN **ISLOTE**.
PARECE QUE **SONRÍE**,
MEJOR QUE NO ME **FÍE**.

¡NO ES ISLA LO QUE VI, ES **CACHALOTE**!

ESTA SEXTA REIMPRESIÓN DE 2.000 EJEMPLARES SE TERMINÓ DE IMPRIMIR EN EL MES DE ENERO DE 2013 EN ARTES GRÁFICAS INTEGRADAS, WILLIAM MORRIS 1049, FLORIDA – VICENTE LÓPEZ, ARGENTINA.